JN418040

십일 월의 가을빛

유평선 사진시집

시와사람

유평선 사진시집
십일 월의 가을빛

2023년 12월 20일 인쇄
2023년 12월 30일 발행

지은이 | 유 평 선
펴낸이 | 강 경 호
발행처 | 도서출판 시와사람
등 록 | 1994년 6월 10일 제 05-01-0155호
주 소 | 광주시 동구 양림로119번길 21-1(학동)
전 화 | (062)224-5319
E-mail | jcapoet@hanmail.net

ISBN 978-89-5665-712-7 03810

값 15,000원

· 잘못된 책은 구입하신 서점에서 바꾸어 드립니다.

공급처 ■ 한국출판협동조합
경기도 파주시 적성면 적성산단3로 10 (적성일반산업단지 내)
주문전화 (02)716-5616, 070-7119-1740

십일 월의 가을빛

시인의 말

백세시대에 칠십은
청춘이라 하는데
한오라기 실을
바늘에 꿰어
한땀 한땀 수틀에 담아
가꿔가며
모아두었던 글을
정들었던 분들과
지나온 날들을
함께 나누고자 합니다

2023. 歲寒에
유평선

십일 월의 가을빛/ 차례

제1부 고향의 메밀꽃

제2부 함께 가는 길

제3부 억새 위에 전하다

제4부 나그네 길

제1부

고향의 메밀꽃

고향의 메밀꽃

흉년이 몰고 온
물 한 모금 그리운 칠십 년대
생명력이 강한
실금 간 논밭에 메밀심어
맷돌에 들들 갈아
훌렁죽으로 배 채웠던 시절
가난의 서러움
너그러운 바람 불어넣어
메밀꽃 피워
우리에 누리 움이
어머님의 한숨소리
눈발이 휘날리어
어두운 골목길 "메밀묵 사시오"
글공부하다 배고픔을 달래주던
야밤의 간식거리
그 힘 빌려 세월을 살아내니
꽃길만 걷노라네

은비녀

산을 넘고
들녘을 지나고
냇가를 건너

눈보라는 휘날리는데
꽃가마 타고
시집온 울엄니

검은머리 동백기름
윤기 자르르하게 발라
참빗으로 곱게 넘겨

은비녀 꽂고
연지 곤지 찍어
시집온 울엄니

자식 잘되라고
적삼 섶 살갗 여미며
물 한 사발 떠 놓고

빌고 빌더니만

검은 머리 백발 되어
머뭇거리는 세월
잠시 재워두고

깨꽃처럼
고개 숙인 겸손함
잠자듯이
천국여행 기도하며

고목처럼 듬직한
사랑노래 부르며
아끼던 은비녀
자식 손 위에 쥐어준다

아버지의 책상이었나요

굶주린 일제강점기를 거쳐
호롱불 밑에서 쓰셨던
책상이었나요

아버지의 눈빛
체취만 느껴지는 흔적
책상이었나요

공자왈 맹자왈
목 축이며 토하며
퇴색되도록 살아온 흔적
책상이었나요

오래 머물러야 할
잊을 수 없는 당신
영혼을 깨워주는 소리
내 가슴에 애타는 그리움이
책상이었나요

벚꽃길

하늘을 펼쳐
햇살 모아 피워낸 벚꽃

낭만의 꽃길이여
옛 추억 생각하니
그 시절 그리워

꽃비에 머리카락
사뿐히

가로등 불빛 따라
신작로길
휘날리던 흙먼지 울림

머물던 정겨움
지난날에 추억을
간직하며……

노을빛

옥빛 물결 푸른 잎새
꽃 치마에 풀꽃 담아

벌과 나비
소매 끝에 노닐고

여름 햇살 주워 담아
구름 따라가는 엄마

어스름 다가올 때
별빛 따라 오시려나

허름한 사랑도 좋으련만
임의 내음 향기롭다

할머니의 고쟁이

어렴풋이 생각나는
유년의 추억들

바지도 아니고 치마도 아닌
할머니의 속고쟁이
호롱불 켜 놓고 다듬고 다듬어
곱게 개어 장롱 속에 넣어두며
훈훈한 모습으로
옛 이야기 들려주던 할머니

무명 속고쟁이 다 입지 못하고
할머니는 어느날 길을 떠나셨다

무심한 세월
할머니의 나이가 되고 보니
새록새록 그 추억이
그리움으로 가득차 쌓인다

설날

밤이면 부엉새 울어대고
어머니는 밤새
색동저고리 빨간 통치마 만드셨다
설명절이 오면
놋그릇 광주리에 담아
햇살 머무는 곳에 멍석 펼쳐놓고

닦고 닦아 햇살 비추니
바다에 노을빛 찰랑거리듯
금빛보다 더 반짝거리는
어머니의 복된 손길

아끼며 사랑했던 추억들
보물로 남겨두고
어머니는 꼬부랑 할머니

녹슨 놋그릇 영혼을 적시며
찬장 구석에 얹혀 있다

그 시절이 좋았다

부엌문 앞
옆집에서 넘어온
감나무 한가지

감꽃 주워 실에 꿰어
목에다 걸고
감 하나 떨어지면
토방에 걸터앉아
먹었던,
가을이 오면
붉게 물든 감잎

숨바꼭질 소꿉질 하던
그 시절을 잊지 못하네

철없는 새색시

왜 그리
몸도 마음도 힘들었을까
늦은 아침
가마솥에 밥을 짓기 위해
당글개로 재소쿠리에
재를 담아내고 짚방석에 앉아
간신히 불을 피워
뭉게뭉게 김꽃 피우는 밥 내음새
가족들을 위해 정성을 들였지만
돌밥에 설익은 진밥이 되어
어머님 말씀에
내가 있어야 할 자리를 잊어버렸으나
가죽나무 위에 까치 한 마리
울지마라 울지마라 마음 달래 주는데
철없던 새색시가
오늘은 노년의 길목에서
내 길을 찾아가네

목련

아버지가 사시던 집
대문 옆 하얀 목련꽃

순결한 여인처럼 조용히 피워
봄을 알리는 전령사

갑자기 힘드셨던 아버지가
목련이 참 예쁘게 피었구나
마지막 말씀하시던 날
목련꽃 상여 타시고
천국 여행 떠나셨다

해마다 목련이 피면
마음이 시리고
서글픈 봄날의
하얀 꽃길이 생각난다

영암 벚꽃길

활짝 핀 벚꽃들의 향수
하늘에서 휘날리며
속살 드리우니
꽃으로 비단옷을 닿고

아름답다 사월이여
내 마음의 길이 되어
형제자매 오순도순

이렇게 좋은 날
벚꽃 향기에 취해
꽃잎도 치맛자락도
봄바람에 나불거려
머리에 화관으로 물들이니
어머니의 옛노래가
그리워지네

내 마음의 풍경

바람타고
살아온 흔적
볼연지 물들인
맑은 여심

꽃베개 누워
달빛이 쏟아지는 밤
사랑의 꽃편지 드리우니

눈빛 속의 이슬
두 손 꽃피우며
임 그리워
달님 불러
길 찾아 달려가는
하얀 구름

달그림자 벗님되어
그대 불러 그리워서
임의 사랑 간절함 뿐이네

그리운 당신

덧없이 흘러가는
세월을 붙잡고
그리움으로 다소곳이 한평생
가녀리게 그리웠던가

혼자 살 수 없는 길
해가 뜨면 달은 덮어주고
옥색 하늘 한없이 높아
빈 항아리에
미소 짓게 채워주고

어이없이 흔들린 마음
소슬바람 모시적삼 마음 풀어
홀로 눈물 꽃도 보석이 되어
고운 열매 주시니
하늘에서 부어주신
행운의 삶
우물 속에 꽃이 피네

고창 청보리길

봄을 불들인 청보리 밭길
네가 좋아서
봄 바람타고 왔노라

내 사랑이
햇살처럼 부어주고

그대와 함께하고 싶어
초록빛으로 잠을 깨워
보리피리 불던 그 시절

꽁보리밥에 고추 된장
보리개떡 보리단술에
목 축이며 너털웃음

향연에 아름다움이
사랑도 꽃피우고
청춘도 불태웠노라

자줏빛 쪽꽃

고아라 땅이 좋아
난쟁이 쪽꽃이었을까

밥티처럼 조랑조랑
꽃 피었네

쪽꽃 불태워
부드러운 옷감에
꽃물 드리우니
수줍은 여인네 몸에
사랑을 뿌려주니
천상의 여인일세

키가 작아 발자국에 시달려
꽃피운 보라색 쪽꽃
다독다독하며
보고 또 보았더니
어찌 그리 아름다울꼬

십일 월의 가을비

촉촉이 내리는 가을비
나뭇잎 하나하나 떨어지니
가을임을 알게 해주고

낙엽은 실비에 젖어
예쁜 잎새 떨구어내고

길가의 낙엽 냄새
내 영혼 속에 머물러
걸음걸음마다 추억을 세려니

그 옛날 사랑했던
그대 발자국 소리가
추적추적 따라오네

빗방울 알갱이마다
빗소리가 따뜻한 내 체온에
가을을 느끼게 한다

달빛 사랑

저 달이
내 마음 사로잡아

마음이 힘들 때
달빛으로 채워주다

초생달도 좋고
둥근달도 좋다

시샘하는 저 구름
달빛사이 스쳐가니

붉은 구름 달빛 사랑
눈에 담아 잠들다

연리지

세월 흘러가니
어깨 처진 남편 마음 아파
기대고 싶어도 기댈 수 없고
푸념하고 싶어도 아끼는 마음

짭조름한 인생 푸른 하늘처럼
맑은 줄 알았더니만
구름도 지나가고 소낙비도 오더라

때 묻은 육신 다스리고 다스려
어느 둥지에 내 마음 묻어둘꼬

서산마루에 걸린 해님
넘어가지 못하고
목화꽃 피워 내 마음 덮어주네

사랑의 연리지

어스름 어둠이 깔리면
나의 삶 속에
한가로운 밤길

한가로운 벤치
좋은 자리 건네주고

푸른 잎에 글을 새겨
덤벙 덤벙
꽃구름 불 밝히면

저 달은 나의 웃음이요
빛나는 저 별은 기쁨이요

별소리에 내 몸을 맡겨
아름답고 예쁜 밤
여백에 마음 열어
하늘빛 아름다워라

가로등 불빛

고운바람 서성거릴 때
이슬비 내리는 밤
가로등 불빛은
온기를 채워주고

지나가는 길손님들
밤이 오는 소리 들리니
발걸음 재촉하며
임 그리워 빈자리 채워줄까

고운 바람 타고
수줍게 다가가다

아름다운 삶

삶의 길목에서
마음꽃 피워
행복나무 심는다

육신은 노화되고
가슴앓이가 오가지만
자연과 사람이 어우러져
넓은 광야를 품었다

물안개는 아침햇살이 녹여주고
굴뚝에는 하얀 연기
꽃을 피우며 하늘로 올라간다

텃밭의 야채들은
이슬을 머금고

햇살 키운 들꽃 네가 좋아
애절한 마음꽃 피워
나도 꽃이다

제2부

함께 가는 길

함께 가는 길

부초 같은 인생길
힘들다 하니
하늘이 품어주고

어디다 기댈까 하니
사계절의 아름다움
울타리가 되어

허전한 발걸음
푸념 떨구니

노을타고 돌아온
종이 한 장
낙서를 하다

뭉게구름 껴안은 사랑
호젓하게 물들어
넋을 잃은 줄달음
부활인 것을

꽃별 하나

마음이 가난할 때
등불처럼 밝혀줄
꽃별 하나가 휴식을 주었다

평온한 삶
따뜻한 마음
모든 순간이
드라마처럼 지나간다

남탓도 하지 말고
내탓도 하지 말라

산을 보고
바다를 보아라
찬란히 빛 내일이 올 것을

꽃별처럼 평온한 삶이
사시사철 변함없이
노크할 것이다

추억을 회상하며

읊조리는 인생길
젊은 날을 그려보다

어스름 눈발 날리는 날
곱은 손 호호 불며
포장마차 가로등 불빛에 기대어

매콤한 닭발
막사발에 막걸리
주거니 받거니
나무젓가락 토닥거리며

수다 떨며 마시던
낭만의 옛 추억

하는 말 되씹으며
박자 없는 노랫가락
덧없는 인생길
이 추억도 좋을 새라

값진 내 나이

내 인생에
노년은
아름다운 길

비워가니 좋고
내려놓으니 좋구나

산 넘어 선들바람
아름다운 여백

여유로운 마음
품어주는 사랑
감사하며

천국의 노적봉도
내 옆에 있구나

꽃실과 바늘

그림자처럼 따라다니는
종이 한 장에
시인처럼 가난을 담아내고

꽃실과 바늘로 시를 쓴다
들꽃이 가져다준 여유로움

낡은 무명베
한 땀 한 땀 수틀에
수 새기며 바느질하고

정직한 삶의 흔적들 햇살 내리쬐는 날
자연의 품성을 닮아가며
낡은 살림살이 만지며 닦아놓으니

연한 바람도
앞치마 꽃자락에 살랑이며
함께 어우러져
소박한 시 한 수 읊고 가다

나는 마녀다

오늘은 누구를 만날까
살아온 세월 헤아려 보니
스스로 전설의
백여시가 돼버렸구나

얌생이 같은 너
아니 얌생이면 어때
누군 정원 가꾸듯
모범 답안지처럼 사나

아니면 남은 시간
노을을 바라보듯
나 천천히 한결같이 살아갈 거야

나는
아름다운 마녀니까

삶의 길

삶은 수레바퀴
태양처럼 타오르니

혀는 소중한 지체로 돼
살아가는 것은 감사함과
사랑으로 살아가는 것은
순종함이며

우리 삶은 부족함이 많으니
독을 품지 아니하고
혀의 움직임은 권세를 주니

모든 만물이나
씨앗 한 톨이라도 풍성할 수 있는
수레바퀴처럼 돌고 도는 삶인 것을

축복의 입술로 아름다운 씨앗을 뿌려
예쁜 새움이 돋아나길 바란다

달빛 한 채 바라보며

흔들리기 시작한
아련한 마음결

둥근 달은 어둠을 부수고
꿈꾸는 여인
기도 소리 목매듯

허기진 마음
어루만져

별자리 찾아
나그네 길
간지러운 바람 타며

허물 많은 인생길
걸어온 삶 머리에 괴고
달빛 한 채 잠을 재운다

꼴찌로 사는 삶

바닷가를 맴돌다
조약돌 하나를 줍는다
주마등처럼 스쳐간다

마이 웨이(My Way)
마음은 좁아지고
평화로움을 찾고 싶다

꼴찌 인생
추락하지 말자

가는 세월 보이지 않으나
때 묻은 육신 반복된 생활
시간에 여유로움

천국처럼 나의 삶을
향유하며 살고 싶다

세월은 말없이 잠재우고

삶이 버거울 때
잠재우려 합니다

저 소리 들리는가요
굶주렸던 여인네들
조각난 꿈 머리에 이고

찬바람 휘어감아
냉정한 도심 속

상처에 치맛자락
흙 한줌씩 노적봉 쌓아

눈물방울 꽃피워
발자국 소리내며
후회 없이 걸어왔오

국화꽃

가을길 향기 나는 삶
근심걱정 없는 사람
어디 있으랴

청명한 국화꽃 물들이고
향기로 그림 그려 타박타박
빈 방에 정을 담아
낙엽 따라 걷고 싶소
힘들다 하지 마소

화려한 외출
뭉게구름 주저앉아
땅거미 질 때까지
쓴맛 단맛 맛보자 하오

소박했던 그리움

머그잔의 아메리카노
한 잔에 일상생활을 담아본다

감사할 줄 모르고
살아온 삶을 회개한다

하늘길도 막히고 바닷길도 막히고
땅의 길도 막히니
모든 일이 그리움 뿐이다

봄은 말 없이 찾아오고
꽃은 만발하고 봄나물 향긋함이
들녘엔 세움 돋아 꿈틀거린다

지나온 세월 그리움 뿐이네
친구야 잘 있나 조금만 참게나
무거운 마음 비워버리고
감사할 줄 모르고 살아온 삶
한없이 부끄럽네

뉘우침

무거웠던 겨울은 기울어지고
허탈함은 어쩔 수 없는 고행

소소한 일이 쌓이고 쌓여
애간장 태우지 말고
모래 위에 새겨 지워버릴걸

좋은 인연을 반석 위에 새겨
지혜로움은 정갈함을 주니
허무함을 석양빛에 태워 버리고

봄을 기다리는 설레임
바다는 주름물결 찰랑거리며

봄 향기 웃음꽃 다가오면
태평성대 따로 있나
긴 세월 흘러도
감사할 마음 뿐일세

봄날의 손님

살갗을 여미는
바람 날아와
찬서리 내리니

잠시 내 마음 개어두고
노년의 향기는
봄날 같은 나만의 향기더라

이해할 수 있어 좋고
넉넉한 마음으로
채워줄 수 있어 좋고

천천히 걸어갈 수 있음을
주름진 얼굴은 나의 자서전
나를 사랑하고
나만의 향기가 좋더라

봄바람 소리

언덕 위
유채꽃은 봄을 서두르게 하고

밭고랑에 들꽃들을
살그머니 스쳐가는 바람소리

청춘은 안개처럼 사라졌는데
아름다운 추억일랑
처마 밑에 걸어놓고

희미해진 낮달 한 번 쳐다보며
하얀 머리 억새꽃 되어
행복했다 하련만

쌓인 여정 알리니
즐거웠던 추억일랑
간직하기 바라오

번개꽃

어둠의 허물을
벗지 못하고
대지의 하늘을 헤엄쳐
가슴을 적셨다

쏴아 쏴아 소나기가
쏟아지고
불화살로 천둥번개가 친다
번쩍번쩍
우르르 쾅쾅 쾅
창이 드르륵 울리고
밝아졌다가
어두워졌다가

천둥번개도
노여웠을까
어리석게 살았던 삶이
뇌리 속을 스쳐
용서를 빈다

새벽 등불처럼

내 마음 걸레질하고
세월은 방향 없이

외롭다 하지 말고
마음을 정화시켜

사랑하고 기도하고
넉넉한 마음 담아가며

그리움의 체취들
많은 인연 잊지 말고

이웃 때문에 위로받고
이리저리 힘을 얻네

황금빛 인생길
축복의 통로여라

세월이여

하늘과 땅만 바라보며
가냘프고 아련한 세월들
보따리를 하나씩 내 비추다

어린 아픔 망울져
어린 입술 꼭 다물고
마음속 깊이 품고 품어
맑은 눈 깜짝일세

까마득히 잊고 살다가도
목이 메임을
옹기종기 가슴앓이하며
허우적거릴 때

도랑에 맑은 물 흐르는 소리
휘리릭 내게 다가오네

화롯불 같은 따뜻함
우리들의 숨결은 번져갔고

태양의 밝은 빛 빚어주며

새들의 속삭임
바람아 구름아 쉬어가자
세월만큼 깊고 진한
채워진 마음으로 불 밝히다

섬진강

만추의 낭만이 흐르는 가을
섬진강 물줄기 따라

하동 송림공원
솔밭 사이 햇살은
허공을 휘어감아 기쁨을 주고

솔잎 단풍들어 솔향기에 취해
느티나무 노란단풍
벤치의 한가로움

저 건너 광양 매화마을
겨울이면 꽃몽을 품어
봄이면 오는 님 좋을세라

섬진강 물줄기
바람결에 노를 저어
듬직한 소나무
사랑에 통증을 열다

새벽잠

음식물 수거하는 아저씨
새벽잠을 깨운다

잿빛 하늘이 무겁다 하니
빗방울이 떨어지고
수려한 마음에 풍경을 그려본다

벌거벗은 나무들은
봄을 준비하고
힘듦과 감사함이 교차로 스쳐간
인연들을 뒤돌아본다

내일을 스케치하며
밝은 꿈을 안고서
힘들었던 과거를 떠올린다

제3부

억새 위에 전하다

억새 위에 전하다

하늘거리는 억새물결
들녘에 오르니

이 바람 저 바람
거센 바람에도
꿋꿋하게 서 있는
하얀 억새꽃

댕기머리
풀어헤쳐
광대처럼 춤을 추고

힘 없는 들녘은
낮은 자리에서 뒹굴며

기울어진 가을 길
고독을 줍다

호박꽃 물들었네

마법의 푸르름
햇살 머물러

쌉싸래한
여름 향기

노란 얼굴 분 바르니
꽃 수술 활짝 웃고

푸른 호박 주렁주렁
어느 손길 기다리니

손에 기운 쓰다듬어
영글어 가는 여름날

날개를 달아
흙 향기 주워 담다

들국화

한적한 산마루
징검다리 길 내어주는데

달달한 공기방울
향기로운 들국화야

나뭇잎 스치는
바람소리 안주삼아

메아리의 울림이
분주한 저 구름 붙잡고

환한 미소로
향수에 꽃피우리

장미꽃이 피었네

고운 잎 입에 물고
향기로운 분 바르는

오월의 여왕
장미꽃이여

화려하고 아름답다
어여뻐라 고와라

치마폭에 꽃수 새겨
고무신에 시 한 수

얼큰한 향기
버선코의 오묘함

꽃잎에 나비되어
춘앵무 한 자락 놓고 가네

마당의 화초

좁은 공간에도 햇살은 찾아오고
새들도 휘파람 불며
오월의 마당을 찾아오다

어서 오라
풀인지 꽃인지
함께 어우러져

향기로 가득 채워진 마당
호랑나비 노랑나비 초대 손님
꽃마당에 잔치를 벌여

꽃잎마다 눈 맞추니
내 눈빛도 별처럼
반짝인다

십이 월의 끝자락

사랑은 나를 업고
햇빛 따라 걸어왔다

짭조름한 인생길
꽹과리는 소리를 내고
자연을 연주하며
노을빛과 금빛 물살

청실홍실 매듭지어
기도 소리 향유하며
열두 고개 넘고 넘어
백 년을 기약하고

봉긋봉긋 꽃피우며
가지런히 흘러가리

가을의 여인

비어가는 삶 속에
삶의 지침을 깨우며

고독과 외로움은
생동감을 불어넣고

늙어감도 맛보니
인생은 풀초처럼
스쳐가는 것을

어디서 온 바람일까
낙엽 떨구어
산천의 울음소리

바위틈 사이 소나무
부여잡고

계곡물은 그리움에
낙엽 안고 흘러가네

어느 가을날

찬바람 밀어내고
가을 햇살은
따뜻해서 좋다

따뜻한 훈짐으로
조용히 다가와서
안아주니 좋다

가을 단풍처럼
곱게 단장하고
찾아주니 고맙고
설렘으로 맞아주니
좋다

은은한 향기로
품어주니 좋다

새해 아침

누구나 공평한 새해 아침

어느 길을 가든지
선택은 자유
감사할 때도 있었고
투정부릴 때도 있었다

전화 한 통이라도
기쁜 소식이길 바라는 마음,
실패란 넘어지는 것이 아니고
잠시 멈추는 것
오기가 생길 때가 있지만
잘 되길 바란다

천가지 좋은 일들이 머물며
좋은 일만 가득하기를,
환희의 기쁨과 지혜로움이
기도의 응답이 있기 바란다

성림원 수국꽃

게절마다
푸른 잎새
평화를 주고

부활의 축복
마음을 품어
칠월의 수국꽃

햇줄기 타고
여유로운 꽃숭어리
시기와 질투도 없어라

모여모여 피워낸 꽃
성숙한 아름다움

때묻지 않은
꽃향기 주워
무릎 꿇고 담아갈까

제비꽃

사람들이 오가는
신작로 세면길

실금간 틈 사이
제비꽃 하나 피었다

뜨거운 햇살
목마름 견디고
밤이슬 적시는
제비꽃 한송이

어느 길손님이 밟을까
가냘프게 핀 제비꽃

캄캄한 밤하늘에
초생달 쳐다보며
뭐라고 속삭였을까

파란 하늘

물레방아 돌아가듯
어디까지 가볼거나
산 좋고 물 좋으니

자연의 향기 품어
산 언덕 양지에
이름 모를 풀꽃들
한바탕 놀아보세

파란 하늘
구름은 떠돌며
한 쌍의 새는
사랑을 속삭이고
향기로운 흙내음새
행복을 안겨주는데

아름다운 세상
쉬어 가보세

두드리는 장맛비

밤새도록
쏟아지는 빗줄기에
화려한 화관을 떨구고

푸른 잎새
한 모금 뿜어내는
하모니를 토해내며

속절없는 그리움
달콤했던 세월도
지나가는 바람이 되어

은은한 정을 물들이고
개어둔 마음결

베갯머리 속삭임
담아둔 정이련가

가을 장태산을 거닐며

장태산 자연 휴양림
회색 하늘에 흰구름이 머물고
붉은 꽃으로 하늘까지 솟아
화려함을 뽐내는
메타세쿼이아
낙엽은 울다가 한을 토해내며
숲 향기 퍼져
사랑을 속삭인다

길 위에 쌓인 붉은 비단
누워볼까 망설이다가
메타세쿼이아 끝자락
뒤돌아보며
그리움 안고 잠이 든다

들꽃

목마름 견디며
밤이슬 적시고

돌 틈 사이에
가냘프게 핀 꽃 한송이
저 꽃도 힘들었으리라

견디고 견디며
캄캄한 밤하늘의

별들에게 뭐라고
속삭였을까

여름날의 구름꽃

빛바랜 추억들
바람에게 외박시켜

노닐던 그 자리
마실길을 거닐며

까칠한 엉겅퀴
무덤가에 꽃피우고

논두렁 밭두렁 정자나무
흙먼지 날리는 신작로길

토방자리 걸터앉아
모깃불에 눈물자국

임의 그늘 기대어 따뜻한 품
그 시절도 있었더라

들꽃 향기

틈새 바람
푸른 물결

고운 꽃 피워내고
꽃물 물든 뜨락

낮은 사랑 건네주니
보석처럼 빛나고

나눌 수 있는
향기로움

잔잔한 물안개
푸른 물결 사랑이어라

가을이 노크하다

도심 속 한적한 곳
숲은 농익어가는데

매미는 한 둥지에 모여
헤어짐에 아쉬움을
떨구지 못하고 울어댄다

어느 나뭇가지에 숨어있는지
이별의 순간에 아쉬움
나뭇잎 사이 햇살은 찬란하다

발길은 조용히
숲길 사이 서성이며
내 숨소리마저
살며시 떨군다

광야의 산야

드넓은 산야
어머니의 품속처럼

넓고 넓은 운무는 날개를 펴고
구름이 낮은 데서 뒹굴고 뒹굴어
푸르른 속살 드리우니

바위산 연둣빛 초록잎새
운무는 옷을 벗고 숨을 고르며

여기저기 푸른 마음
메아리 울려 퍼지는
계곡물 흐르는 소리
심금을 울리듯 하늘의 푸르름이

산야에서 펼쳐진 순간들
찬란하게 빛날 산야
웃음짓는 어머니의 모습
태양처럼 따스한 품속이어라

바다를 품다

오늘만은
혼자만이 바다를 품고 싶다

광목 한필 모래 위에 펼쳐
그 자리에 누워
일렁이는 파도와 바람의 속삭임

철석철석 다가오나
왔다가 갔다가 잔잔한 가야금소리
모래 위에 퍼지니

물안개 이슬처럼 뿌려주고
바닷가의 조약돌
파도에 휩쓸려 예쁜 얼굴 되었다

바다야, 오늘만은 시원한 바닷속까지
빛나는 모래 한 알까지라도
입고 싶고 품고 싶다

대추

빨간 대추 속에
감춰진 씨앗 하나
집 한 채 얻었다

제4부

나그네 길

나그네 길

삶 속에 만들어진
도심 속 어울림

절박한 현실
꿈을 키워
성령의 열매를 맺고

언어의 품격을
빛나게 하며

겸손함의 발자취
노력의 통로
자연의 품성을
후회없이 띄워

청춘도 중년도
구름처럼 떠도는 것을

노년의 길목도
햇살처럼 찬란하고

풀바람 소리
넋두리를 부어 품은 사랑
맑은 영혼처럼

하나님의 사랑

태초부터
불러들여
사랑의 씨앗을
주시더니

시린 눈물
바람이 닦아주고
힘든 마음 태워버려
낮은 자리 가라하더니

믿음의 열매
사랑으로 가득 채워
마음에 꽃피워
하늘의 영광이요
땅의 영광이다

언제 오시려나

세상 살아오는 동안에
믿음 안에 나래되어

찬바람 불 때마다
나뭇잎 떨어지니
이별은 잠시

새 잎 새록새록
우리 주님
도포자락 휘날리며
오시려나

무명타래 풀어가며
오시려나

산은 산이더라

어둠이 질 무렵
몇 개의 산등성이 겹쳐
나무와 나무 사이
구름과 구름 사이의 햇살

새들은 전망 좋은
둥지를 만들고
나뭇가지에 앉아
피리 소리 퍼지네

길섶에 흔들거리는
풀잎들은 속삭이고
산등성 무덤은
역사를 만들어 놓고
아련히 보이는 도심 속의 불빛

서로를 섬기며
영혼은 하늘을 바라보고
육신은 자연과 더불어 함께하기를

나의 반란

하나님과의 관계는
큰 축복이었다

남편의 둘레에서
우리의 만남은
바보온달처럼 힘들었을 거라고
평범한 것 같지만 힘들었던 고뇌

울부짖다 웃다 춤을 추다
광대 아닌 광대가 되어
떠도는 방랑자처럼 훨훨 날으리라

태풍처럼 할퀴고 간
실성한 사람처럼
한 많은 한 세상 놀다가려 했지만

허전한 마음 지게에 지고
가랑비 맞으며 한바탕 놀다
제자리 찾아온 것을

아름다운 여정

이 산 저 산 눈꽃일세
소담스런 하얀 눈이
벌거벗은 나무 위에
천국을 이루니
도포자락 펼쳐
새색시 안아주며
빨간 동백꽃 날아와
입술 연지
뜨거운 마음 녹이네

우리의 죄가 주홍 같을지라도
눈꽃처럼 희어지니
아름다운 긴 여정
사랑을 일깨우는 새벽종이 울리네

하늘이시여

청명한 하늘 아래
떠오르는 태양처럼

행복이 솟아오르길
주님 은혜 맑은 영혼
청청하여
결실이 그치지 아니하며

물가에 나무처럼
강변에 뻗치니

개울가 물안개
허리춤 사이로
너울거리다

나의 기도

공평하지 않은 삶
삶의 무게를 보듬고
열심히 살아가는 성숙한 딸들의 눈빛
부족한 어미 배워가며 산다

작은 기도 속에서 하늘을 보아라
어둠 속의 별은 빛이 나고 아름답다
포장된 삶보다
희망과 기쁨이 샘솟듯
한 계단 한 계단 오르다 보면

물은 흐르고 자연의 놀이터
선을 이루는 은혜의 축복

삶의 리듬과 낭만과
평화에 축복이 영혼할 것이다

무등산 장원봉

어깨에 노랫가락 짊어지고
내 삶의 허황된 욕심 비워버리고
한걸음씩 걷고 걸어

무등의 산야
푸른 잎새에 눈맞춤하고
물은 조용히 흐르고
돌들은 변함없이 푸른 이끼 옷을 입고
푸른 하늘 사이
햇살은 숨바꼭질하여
천국을 그리며

능선 따라
장원봉의 푸르름
찬란한 태양은
희망의 열매를 비추고
구름 한 둥지가
구름기둥 세워준다
구름기둥 세워준다

눈꽃 핀 무등산

무등산 청솔 위에
안겨주는 백설이여

햇살 따라 반짝이는
화사한 눈꽃이여

솜털 같은 눈꽃 사이
수줍은 동백꽃

산모롱이 고드름 그렁그렁
임의 얼굴 떠올리며

발자국 뽀드득 소리
한 곡조 산야에 띄워보세

가을이여

초가을을 붙잡고
가을비가 내린다

나뭇잎 따라 빗소리는
또다른 소리로
음반을 만들어간다

가을의 풍요로움과
바람의 스산함을 늘 이렇듯이
계절의 외로움은
이방인처럼 찾아오고

마음 한구석에 생명의 숨소리
따뜻한 그림으로 가득 찬
저녁노을이 내려앉는다

아카시아꽃 향기

인적이 드문 산비탈에
하얀 속살 내비친

꿀이 꽉 찬 아카시아꽃
별들의 천국이다

자연이 준 선물
뭉게구름 두둥실

불타는 햇살
푸른 생명이

너울거리는 바람 소리
옴싹 옴싹 나를 업는다

제주도에서 보낸 추석

사랑하는 사람들아
너와 나의 인연들은
힘들 때도 있었지만
좋은 때도 많았지

그리워지는 얼굴들
그냥 그냥 좋다

울 때가 있고 웃을 때가 있으며
미워할 때 사랑할 때
춤을 출 때가 있거늘
오늘 이 시간이 좋다

도란도란 옛 이야기
별무리 쳐다보며
꿈꾸던 어린시절

어둠 속의 둥근 달은
우리 마음에 서성이고

오색 찬란한 저 구름
설레이게 하니

별들의 속삭임
출렁이는 그리움
포근한 추석밤
추억을 담아가니

아름다움을 간직한 채
사랑으로 꽃피우다

야시장

설레이는 밤
흐트러진 머리 낡은 몸빼
슬리퍼 질질 끌고

주머니 속에 낡은 돈 몇 장
작은 행복이 몰려온다

바쁜 눈동자
사람과 사람의 부딪힘
그리웠던 사람들

눈짓으로 인사
힘들었던 시절
소주 한 잔에 취하고

입술에 번지는 달콤함
너도 한 잔 나도 한 잔
이것이 우리의 우정이요
야시장의 정이로세

알프스 융프라우

스위스 전원주택
동화 속 그림 같다

알프스 융프라우
산악열차가 레일에
톱니바퀴를 돌리며 간다

눈 덮인 산의 웅장함
목장이 보이고
스키를 타는 황홀함

알프스의 산맥
지구의 아름다움
시인은 입을 다물지 못한다

세느강

유럽의 하늘은 높고 푸르며
구름꽃은 춤을 춘다

파리의 중심지 에펠탑
호화로운 불빛
미라보 다리 아래
세느강 유람선에 몸을 실었다

화려한 야경
서울엔 아름다운
한강이 있다

강물은 흐르고
우리의 혼을
불어넣어 준다

마음의 비단꽃

흘러가는 하늘의 구름
세월은 안부를 묻고
젊은 날을 그리며
세월을 품어준 묵은지 같은
묵묵한 침묵을
꾸밈 없이 터뜨려

헛헛함을 달래며
먼 훗날 훗날
향기 나는 바람결에
비단꽃에 뒹굴며
따사로운 햇살과
향유하는 삶 속에
하늘만큼 땅만큼
사랑하리라

아름다운 만남

만남을 감사하며
사랑할 줄 아는
사람이 아름답습니다

웃음도 함께
나눌 수 있는
벗이 아름답습니다

그리워할 줄 알고
약속할 수 있는
친구가 아름답습니다

덧입힌 모습보다
진실된 모습
은은한 향기를
지닌 사람이 아름답습니다

마음의 뜰 안

일 년 열두 달
뜰 안에 나무를 심어
입술에 열매를 맺고
구름 위에 머물러

가로등 불빛에
밤을 잠재우고
지붕 위 초생달
숨소리를 죽여
그림자 따라 살금살금

가는 길 서둘지 말라
쏟아지는 별무리
채워가고 채워가며

밀려온 얼룩진 소리
강뚝에 들꽃되어
반짝이는 윤슬은
내 마음에 촛불을 심다

마음의 길

봄바람이 불어오니
마당 구석에서 새 움이 트고

정겨운 새소리
재잘대며 날아가는데
골목길 인기척
훈훈함이 감도네